ISBN 10: 972-44-0357-2
ISBN 13: 978-972-44-0357-1

Direitos reservados para todos os países de língua portuguesa
por Edições 70

EDIÇÕES 70, Lda.
Rua Luciano Cordeiro, 123 – 1º Esqº - 1069-157 Lisboa / Portugal
Tel.: 213190240 – Fax: 213190249
e-mail: geral@edicoes70.pt

www.edicoes70.pt

Esta obra está protegida pela lei. Não pode ser reproduzida,
no todo ou em parte, qualquer que seja o modo utilizado,
incluindo fotocópia e xerocópia, sem prévia autorização do Editor.
Qualquer transgressão à lei dos Direitos de Autor será passível
de procedimento judicial.

Impressão e acabamento: Printer Portuguesa, em Outubro 2006
Depósito Legal n.º 49 600/91

A História da Nossa Família

Este livro regista a história da Família _____

Foi iniciado por:
_____
_____

em: _____

Este Livro...

Um registo de família é mais do que um conjunto de nomes, datas e lugares. Trata de pessoas — o que fizeram, porquê e como. Este livro está elaborado de uma forma que permite coligir, para sempre, num único volume, a história da sua família e antepassados.

Há capítulos em que pode registar as origens da sua família: de onde vieram os seus antepassados e quando, o que lhes aconteceu e o que fizeram. Terá também a possibilidade de escrever, quem sabe se pela primeira vez, histórias sobre membros da sua família transmitidas desde gerações anteriores. Outros capítulos são dedicados a tradições e acontecimentos dignos de nota, como casamentos e reuniões.

Desde o nascimento de um bisavô até ao nascimento do bebé mais novo, este livro proporciona a oportunidade magnífica de reunir num único volume todos os aspectos interessantes e invulgares da história da sua família. Uma vez completo, será um precioso repositório de informações, factos e comemorações — um documento permanente e único.

Como investigar as origens da sua Família — um guia simples

Pode começar a obter informações sobre a sua família fazendo perguntas a parentes, especialmente avós, tias e tios mais idosos. Alguém pode possuir um velho álbum de fotografias e é sempre útil examiná-lo, escrevendo os nomes do maior número de pessoas possível. Outro ponto de partida proveitoso pode ser um velho missal de família, sobretudo se datado do século XIX, altura em que era costume escrever dados sobre nascimentos, casamentos, etc., nas folhas em branco do livro.

Obtido o maior número possível de informações a partir da família, em seguida deverá visitar as Conservatórias do Registo Civil, onde poderá obter registos dos nascimentos, casamentos e mortes em Portugal, posteriores a 1910.

Aí pode obter uma cópia da sua certidão de nascimento e então, partindo das informações nela contidas, procurar a certidão de casamento dos seus pais, respectivas certidões de nascimento, as certidões de casamento de ambos os grupos de avós, as certidões de nascimento desses avós, as certidões de casamento dos bisavós, etc.

A fim de obter informações sobre nascimentos, casamentos e mortes anteriores a 1910, terá de consultar os registos paroquiais de baptizados, casamentos e enterros.

Nem todos os registos paroquiais sobreviveram, obviamente. Com os anos, muitos deles perderam-se ou extraviaram-se. Muitos dos que ainda existem estão na posse de igrejas ou nos Arquivos do Ministério da Administração Interna, do Ministério das Finanças e os muito antigos no Arquivo Nacional da Torre do Tombo. Todavia, o acesso a estes documentos é, por vezes, reservado pelo que deverá contactar essas entidades para obter a respectiva autorização.

Consultar um registo paroquial pode ser um trabalho moroso e sê-lo-á ainda mais se a sua família tinha ramificações em vários pontos do país.

SOCIEDADES GENEALÓGICAS

Poderá consultar o Instituto Português de Heráldica que funciona no Convento do Carmo em Lisboa. Os Arquivos de Genealogia estão entregues ao Arquivo Nacional da Torre do Tombo.

Se a sua família viveu, ou vive, em qualquer outro país de língua oficial portuguesa, poderá também consultar a Conservatória dos Registos Centrais em Lisboa, onde se encontram os registos de todos os cidadãos nascidos fora de Portugal.

No Brasil, os nascimentos, casamentos e óbitos anteriores a Janeiro de 1889 deverão ser procurados nos registos paroquiais e os posteriores constarão dos diferentes cartórios das cidades onde ocorreram.

ÍNDICE

A nossa Família 8	Locais de Culto 64
Genealogia do Marido 9	In Memoriam 66
Genealogia da Mulher........... 10	As nossas casas 70
Os Filhos 11	Locais onde viveram os nossos Antepassados 72
Netos e Descendentes 12	
A Nossa Árvore Genealógica 14	Instrução 74
Árvore Genealógica do Marido 18	Clubes e Organizações 78
Família do Marido............... 22	Trabalho e Negócios 80
Família do Pai do Marido........ 24	Registos de Serviço Militar 82
Família da Mãe do Marido 26	Amigos íntimos 86
Avô do Marido — lado paterno.... 28	Os nossos Animais 88
Avó do Marido — lado paterno.... 30	Automóveis da Família 90
Avô do Marido — lado materno ... 32	As Preferências 92
Avó do Marido — lado materno ... 34	Colecções e bens familiares 96
Bisavós do Marido 36	Jóias da Família 98
Árvore Genealógica da Mulher 38	Desportos preferidos da Família ... 100
Família da Mulher............... 42	Passatempos preferidos da Família . 102
Família do Pai da Mulher........ 44	Férias da Família 106
Família da Mãe da Mulher 46	Reuniões familiares 108
Avô da Mulher — lado paterno.... 48	Tradições familiares............. 112
Avó da Mulher — lado paterno.... 50	Acontecimentos importantes 114
Avô da Mulher — lado materno ... 52	Acontecimentos extraordinários aos quais sobrevivemos e que presenciámos 118
Avó da Mulher — lado materno ... 54	
Bisavós da Mulher 56	Doenças 120
Casamentos 58	Registos......................... 122
Cerimónias Religiosas 62	Post-Scriptum.................... 126

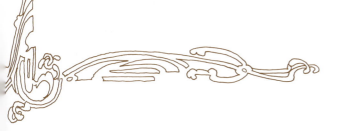
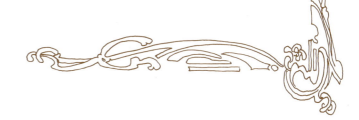

A nossa Família

Serve o Presente para Certificar que

_____

e

_____

Se Uniram pelo Matrimónio

Local da cerimónia _____

Cidade/Vila _____

Mês _____ Dia _____ Ano _____

Casados por _____

Genealogia do Marido

Nome completo do Marido _____
_____

Data e hora de nascimento _____
Local de nascimento _____
Nome do Pai _____
Nome da Mãe _____
Irmãos e Irmãs _____
_____
_____
_____

Genealogia da Mulher

Nome completo da Mulher _____

_____

Data e hora de nascimento _____
Local de nascimento _____
Nome do Pai _____
Nome da Mãe _____
Irmãos e Irmãs _____
_____
_____
_____

Os Filhos

Nome	Local de nascimento	Data e hora de nascimento

Netos e Descendentes

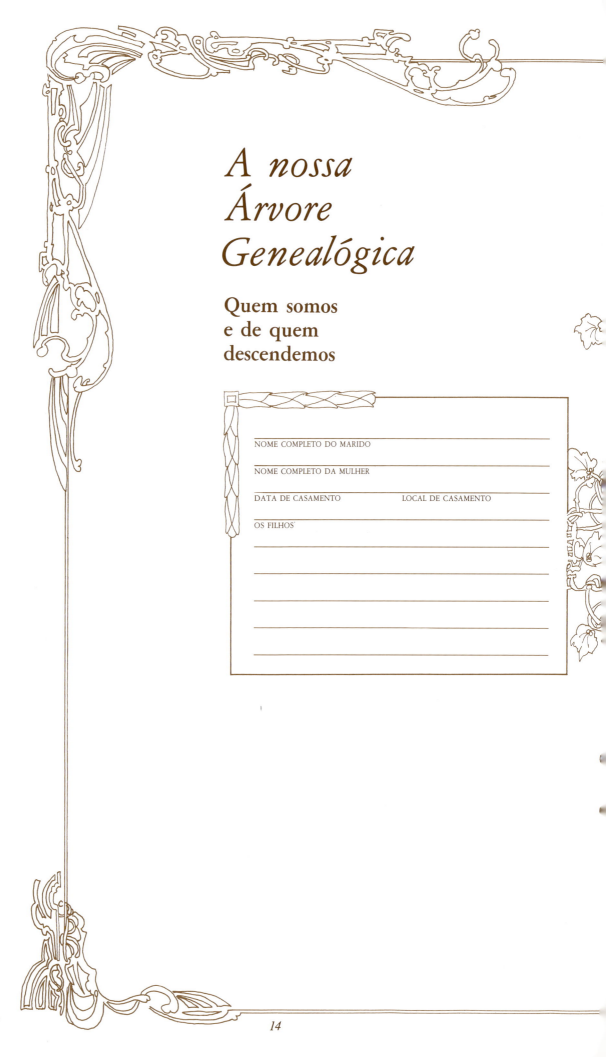

A nossa Árvore Genealógica

Quem somos e de quem descendemos

NOME COMPLETO DO MARIDO

NOME COMPLETO DA MULHER

DATA DE CASAMENTO   LOCAL DE CASAMENTO

OS FILHOS

NOME COMPLETO DO BISAVÔ DO MARIDO

NOME COMPLETO DA BISAVÓ DO MARIDO

NOME COMPLETO DO BISAVÔ DO MARIDO

NOME COMPLETO DA BISAVÓ DO MARIDO

NOME COMPLETO DO BISAVÔ DO MARIDO

NOME COMPLETO DA BISAVÓ DO MARIDO

NOME COMPLETO DO BISAVÔ DO MARIDO

NOME COMPLETO DA BISAVÓ DO MARIDO

NOME COMPLETO DO BISAVÔ DA MULHER

NOME COMPLETO DA BISAVÓ DA MULHER

NOME COMPLETO DO BISAVÔ DA MULHER

NOME COMPLETO DA BISAVÓ DA MULHER

NOME COMPLETO DO BISAVÔ DA MULHER

NOME COMPLETO DA BISAVÓ DA MULHER

NOME COMPLETO DO BISAVÔ DA MULHER

NOME COMPLETO DA BISAVÓ DA MULHER

NOME COMPLETO DO TRISAVÔ DO MARIDO

NOME COMPLETO DA TRISAVÓ DO MARIDO

NOME COMPLETO DO TRISAVÔ DO MARIDO

NOME COMPLETO DA TRISAVÓ DO MARIDO

NOME COMPLETO DO TRISAVÔ DO MARIDO

NOME COMPLETO DA TRISAVÓ DO MARIDO

NOME COMPLETO DO TRISAVÔ DO MARIDO

NOME COMPLETO DA TRISAVÓ DO MARIDO

NOME COMPLETO DO TRISAVÔ DO MARIDO

NOME COMPLETO DA TRISAVÓ DO MARIDO

NOME COMPLETO DO TRISAVÔ DO MARIDO

NOME COMPLETO DA TRISAVÓ DO MARIDO

NOME COMPLETO DO TRISAVÔ DO MARIDO

NOME COMPLETO DA TRISAVÓ DO MARIDO

NOME COMPLETO DO TRISAVÔ DO MARIDO

NOME COMPLETO DA TRISAVÓ DO MARIDO

NOME COMPLETO DO TRISAVÔ DA MULHER

NOME COMPLETO DA TRISAVÓ DA MULHER

NOME COMPLETO DO TRISAVÔ DA MULHER

NOME COMPLETO DA TRISAVÓ DA MULHER

NOME COMPLETO DO TRISAVÔ DA MULHER

NOME COMPLETO DA TRISAVÓ DA MULHER

NOME COMPLETO DO TRISAVÔ DA MULHER

NOME COMPLETO DA TRISAVÓ DA MULHER

NOME COMPLETO DO TRISAVÔ DA MULHER

NOME COMPLETO DA TRISAVÓ DA MULHER

NOME COMPLETO DO TRISAVÔ DA MULHER

NOME COMPLETO DA TRISAVÓ DA MULHER

NOME COMPLETO DO TRISAVÔ DA MULHER

NOME COMPLETO DA TRISAVÓ DA MULHER

avós

RA. DE	NOME DE SOLTEIRA
RA. DE	NOME DE SOLTEIRA
RA. DE	NOME DE SOLTEIRA
RA. DE	NOME DE SOLTEIRA
RA. DE	NOME DE SOLTEIRA
RA. DE	NOME DE SOLTEIRA
RA. DE	NOME DE SOLTEIRA
RA. DE	NOME DE SOLTEIRA
RA. DE	NOME DE SOLTEIRA
RA. DE	NOME DE SOLTEIRA
RA. DE	NOME DE SOLTEIRA
RA. DE	NOME DE SOLTEIRA
RA. DE	NOME DE SOLTEIRA
RA. DE	NOME DE SOLTEIRA
RA. DE	NOME DE SOLTEIRA
RA. DE	NOME DE SOLTEIRA
RA. DE	NOME DE SOLTEIRA
RA. DE	NOME DE SOLTEIRA
RA. DE	NOME DE SOLTEIRA
RA. DE	NOME DE SOLTEIRA
RA. DE	NOME DE SOLTEIRA
RA. DE	NOME DE SOLTEIRA
RA. DE	NOME DE SOLTEIRA
RA. DE	NOME DE SOLTEIRA
RA. DE	NOME DE SOLTEIRA
RA. DE	NOME DE SOLTEIRA
RA. DE	NOME DE SOLTEIRA
RA. DE	NOME DE SOLTEIRA
RA. DE	NOME DE SOLTEIRA
RA. DE	NOME DE SOLTEIRA
RA. DE	NOME DE SOLTEIRA
RA. DE	NOME DE SOLTEIRA

As gerações que precedem a da coluna à esquerda terão nascido por volta de 1800 e terão o dobro dos membros.

Ao recuarmos no tempo, cada geração terá o dobro da anterior. Se os seus antepassados viveram cerca de 1600 e você tem menos de 30 anos, pertencerá à 14.ª ou 15.ª geração e descenderá de 16 000 pessoas.

Assim, ao fazer esta retrospectiva e ao tentar obter informações do concelho, cidade ou freguesia de onde a sua família é proveniente, certifique-se de que possui o maior número de dados possível, uma vez que, ao longo dos tempos, vicissitudes várias (por exemplo, evolução da língua, conversões religiosas, adopção de uma alcunha ou cognome ilustre ou notório, etc.), provocaram alterações totais ou parciais na ortografia onomástica.

Árvore Genealógica do Marido

NOME COMPLETO DO MARIDO

DATA DE NASCIMENTO   LOCAL DE NASCIMENTO

DATA DO CASAMENTO   LOCAL DO CASAMENTO

DATA DA MORTE   LOCAL DO ENTERRO

PROFISSÃO

ACTIVIDADES PREFERIDAS

NOME COMPLETO DO AVÔ

DATA DE NASCIMENTO | LOCAL DE NASCIMENTO

DATA DO CASAMENTO | LOCAL DO CASAMENTO

DATA DA MORTE | LOCAL DO ENTERRO

PROFISSÃO | ACTIVIDADES PREFERIDAS

NOME COMPLETO DO PAI

DATA DE NASCIMENTO | LOCAL DE NASCIMENTO

DATA DO CASAMENTO | LOCAL DO CASAMENTO

DATA DA MORTE | LOCAL DO ENTERRO

PROFISSÃO

ACTIVIDADES PREFERIDAS

NOME COMPLETO DA AVÓ

DATA DE NASCIMENTO | LOCAL DE NASCIMENTO

DATA DO CASAMENTO | LOCAL DO CASAMENTO

DATA DA MORTE | LOCAL DO ENTERRO

PROFISSÃO | ACTIVIDADES PREFERIDAS

AS 3 GERAÇÕES ANTERIORES: NA PÁGINA SEGUINTE

NOME COMPLETO DO AVÔ

DATA DE NASCIMENTO | LOCAL DE NASCIMENTO

DATA DO CASAMENTO | LOCAL DO CASAMENTO

DATA DA MORTE | LOCAL DO ENTERRO

PROFISSÃO | ACTIVIDADES PREFERIDAS

NOME COMPLETO DA MÃE

DATA DE NASCIMENTO | LOCAL DE NASCIMENTO

DATA DO CASAMENTO | LOCAL DO CASAMENTO

DATA DA MORTE | LOCAL DO ENTERRO

PROFISSÃO

ACTIVIDADES PREFERIDAS

NOME COMPLETO DA AVÓ

DATA DE NASCIMENTO | LOCAL DE NASCIMENTO

DATA DO CASAMENTO | LOCAL DO CASAMENTO

DATA DA MORTE | LOCAL DO ENTERRO

PROFISSÃO | ACTIVIDADES PREFERIDAS

NOME COMPLETO DO BISAVÔ

DATA DE NASCIMENTO   LOCAL DE NASCIMENTO

PROFISSÃO

NOME COMPLETO DO TRISAVÔ

NOME COMPLETO DA TRISAVÓ

NOME COMPLETO DA BISAVÓ

DATA DE NASCIMENTO   LOCAL DE NASCIMENTO

ACTIVIDADES PREFERIDAS

NOME COMPLETO DO TRISAVÔ

NOME COMPLETO DA TRISAVÓ

NOME COMPLETO DO BISAVÔ

DATA DE NASCIMENTO   LOCAL DE NASCIMENTO

PROFISSÃO

NOME COMPLETO DO TRISAVÔ

NOME COMPLETO DA TRISAVÓ

NOME COMPLETO DA BISAVÓ

DATA DE NASCIMENTO   LOCAL DE NASCIMENTO

ACTIVIDADES PREFERIDAS

NOME COMPLETO DO TRISAVÔ

NOME COMPLETO DA TRISAVÓ

NOME COMPLETO DO BISAVÔ

DATA DE NASCIMENTO   LOCAL DE NASCIMENTO

PROFISSÃO

NOME COMPLETO DO TRISAVÔ

NOME COMPLETO DA TRISAVÓ

NOME COMPLETO DA BISAVÓ

DATA DE NASCIMENTO   LOCAL DE NASCIMENTO

ACTIVIDADES PREFERIDAS

NOME COMPLETO DO TRISAVÔ

NOME COMPLETO DA TRISAVÓ

NOME COMPLETO DO BISAVÔ

DATA DE NASCIMENTO   LOCAL DE NASCIMENTO

PROFISSÃO

NOME COMPLETO DO TRISAVÔ

NOME COMPLETO DA TRISAVÓ

NOME COMPLETO DA BISAVÓ

DATA DE NASCIMENTO   LOCAL DE NASCIMENTO

ACTIVIDADES PREFERIDAS

NOME COMPLETO DO TRISAVÔ

NOME COMPLETO DA TRISAVÓ

avós

RA. DE	NOME DE SOLTEIRA
RA. DE	NOME DE SOLTEIRA
RA. DE	NOME DE SOLTEIRA
RA. DE	NOME DE SOLTEIRA
RA. DE	NOME DE SOLTEIRA
RA. DE	NOME DE SOLTEIRA
RA. DE	NOME DE SOLTEIRA
RA. DE	NOME DE SOLTEIRA
RA. DE	NOME DE SOLTEIRA
RA. DE	NOME DE SOLTEIRA
RA. DE	NOME DE SOLTEIRA
RA. DE	NOME DE SOLTEIRA
RA. DE	NOME DE SOLTEIRA
RA. DE	NOME DE SOLTEIRA
RA. DE	NOME DE SOLTEIRA
RA. DE	NOME DE SOLTEIRA
RA. DE	NOME DE SOLTEIRA
RA. DE	NOME DE SOLTEIRA
RA. DE	NOME DE SOLTEIRA
RA. DE	NOME DE SOLTEIRA
RA. DE	NOME DE SOLTEIRA
RA. DE	NOME DE SOLTEIRA
RA. DE	NOME DE SOLTEIRA
RA. DE	NOME DE SOLTEIRA
RA. DE	NOME DE SOLTEIRA
RA. DE	NOME DE SOLTEIRA
RA. DE	NOME DE SOLTEIRA
RA. DE	NOME DE SOLTEIRA
RA. DE	NOME DE SOLTEIRA
RA. DE	NOME DE SOLTEIRA
RA. DE	NOME DE SOLTEIRA
RA. DE	NOME DE SOLTEIRA

Família do Marido

Nesta página e na seguinte, preencha os espaços com todas as informações relevantes sobre o marido, seus irmãos e irmãs e respectivos filhos (sobrinhos e sobrinhas).

Marido, seus irmãos e irmãs, e respectivos filhos	NASCIMENTO	MORTE	CÔNJUGE
Filhos			
Filhos			
Filhos			
Filhos			
Filhos			
Filhos			
Filhos			
Filhos			

Padrinhos ou Tutores

(PREENCHER COM OS NOMES DOS PADRINHOS DE CADA CRIANÇA E, SE FOR CASO DISSO, DOS TUTORES, INCLUINDO DATAS, LOCAIS E QUALQUER INFORMAÇÃO QUE CONSIDERE ADEQUADA.)

Família do Pai do Marido

Nesta página e nas seguintes, preencha os espaços com todas as informações relevantes sobre os pais do marido, seus irmãos e irmãs (tios e tias), e respectivos filhos (primos).

Pai do marido, seus irmãos e irmãs, e respectivos filhos	NASCIMENTO	MORTE	CÔNJUGE
Filhos			
Filhos			
Filhos			
Filhos			
Filhos			
Filhos			
Filhos			
Filhos			
Filhos			

Padrinhos ou Tutores

(PREENCHER COM OS NOMES DOS PADRINHOS DE CADA CRIANÇA E, SE FOR CASO DISSO, DOS TUTORES, INCLUINDO DATAS, LOCAIS E QUALQUER INFORMAÇÃO QUE CONSIDERE ADEQUADA.)

Família da Mãe do Marido

Mãe do marido,
seus irmãos e irmãs,
e respectivos filhos

	NASCIMENTO	MORTE	CÔNJUGE

Filhos

Filhos

Filhos

Filhos

Filhos

Filhos

Filhos

Filhos

Filhos

Padrinhos ou Tutores

(PREENCHER COM OS NOMES DOS PADRINHOS DE CADA CRIANÇA E, SE FOR CASO DISSO, DOS TUTORES, INCLUINDO DATAS, LOCAIS E QUALQUER INFORMAÇÃO QUE CONSIDERE ADEQUADA.)

Avô
do Marido
lado paterno

Avô,
seus irmãos e irmãs,
e respectivos filhos   NASCIMENTO   MORTE   CÔNJUGE

Filhos

Filhos

Filhos

Filhos

Filhos

Filhos

Filhos

Filhos

Filhos

Padrinhos ou Tutores

(PREENCHER COM OS NOMES DOS PADRINHOS DE CADA CRIANÇA E, SE FOR CASO DISSO, DOS TUTORES, INCLUINDO DATAS, LOCAIS E QUALQUER INFORMAÇÃO QUE CONSIDERE ADEQUADA.)

Avó
do Marido
lado paterno

Avó,
seus irmãos e irmãs,
e respectivos filhos

	NASCIMENTO	MORTE	CÔNJUGE

Filhos

Filhos

Filhos

Filhos

Filhos

Filhos

Filhos

Filhos

Filhos

Padrinhos ou Tutores

(PREENCHER COM OS NOMES DOS PADRINHOS DE CADA CRIANÇA E, SE FOR CASO DISSO, DOS TUTORES, INCLUINDO DATAS, LOCAIS E QUALQUER INFORMAÇÃO QUE CONSIDERE ADEQUADA.)

Avô do Marido
lado materno

Avô,
seus irmãos e irmãs
e respectivos filhos   NASCIMENTO   MORTE   CÔNJUGE

_____

_____ Filhos _____

_____

_____ Filhos _____

_____

_____ Filhos _____

_____

_____ Filhos _____

_____

_____ Filhos _____

_____

_____ Filhos _____

_____

_____ Filhos _____

_____

_____ Filhos _____

Padrinhos ou Tutores

(PREENCHER COM OS NOMES DOS PADRINHOS DE CADA CRIANÇA E, SE FOR CASO DISSO, DOS TUTORES, INCLUINDO DATAS, LOCAIS E QUALQUER INFORMAÇÃO QUE CONSIDERE ADEQUADA.)

Avó do Marido
lado materno

Avó,
seus irmãos e irmãs,
e respectivos filhos   NASCIMENTO   MORTE   CÔNJUGE

Filhos

Filhos

Filhos

Filhos

Filhos

Filhos

Filhos

Filhos

Filhos

Padrinhos ou Tutores

(PREENCHER COM OS NOMES DOS PADRINHOS DE CADA CRIANÇA E, SE FOR CASO DISSO, DOS TUTORES, INCLUINDO DATAS, LOCAIS E QUALQUER INFORMAÇÃO QUE CONSIDERE ADEQUADA.)

Bisavós do Marido

NOME	NASCIMENTO	MORTE	CÔNJUGE
_____	_____	_____	_____
Filhos _____			
_____	_____	_____	_____
Filhos _____			
_____	_____	_____	_____
Filhos _____			
_____	_____	_____	_____
Filhos _____			
_____	_____	_____	_____
Filhos _____			
_____	_____	_____	_____
Filhos _____			
_____	_____	_____	_____
Filhos _____			
_____	_____	_____	_____
Filhos _____			

Padrinhos ou Tutores
(PREENCHER COM OS NOMES DOS PADRINHOS DE CADA CRIANÇA E, SE FOR CASO DISSO, DOS TUTORES, INCLUINDO DATAS, LOCAIS E QUALQUER INFORMAÇÃO QUE CONSIDERE ADEQUADA.)

Árvore Genealógica da Mulher

NOME COMPLETO DA MULHER	
DATA DE NASCIMENTO	LOCAL DE NASCIMENTO
DATA DO CASAMENTO	LOCAL DO CASAMENTO
DATA DA MORTE	LOCAL DO ENTERRO
PROFISSÃO	
ACTIVIDADES PREFERIDAS	

NOME COMPLETO DO AVÔ

DATA DE NASCIMENTO · LOCAL DE NASCIMENTO

DATA DO CASAMENTO · LOCAL DO CASAMENTO

DATA DA MORTE · LOCAL DO ENTERRO

PROFISSÃO · ACTIVIDADES PREFERIDAS

NOME COMPLETO DO PAI

DATA DE NASCIMENTO · LOCAL DE NASCIMENTO

DATA DO CASAMENTO · LOCAL DO CASAMENTO

DATA DA MORTE · LOCAL DO ENTERRO

PROFISSÃO

ACTIVIDADES PREFERIDAS

NOME COMPLETO DA AVÓ

DATA DE NASCIMENTO · LOCAL DE NASCIMENTO

DATA DO CASAMENTO · LOCAL DO CASAMENTO

DATA DA MORTE · LOCAL DO ENTERRO

PROFISSÃO · ACTIVIDADES PREFERIDAS

AS 3 GERAÇÕES ANTERIORES: NA PÁGINA SEGUINTE

NOME COMPLETO DO AVÔ

DATA DE NASCIMENTO · LOCAL DE NASCIMENTO

DATA DO CASAMENTO · LOCAL DO CASAMENTO

DATA DA MORTE · LOCAL DO ENTERRO

PROFISSÃO · ACTIVIDADES PREFERIDAS

NOME COMPLETO DA MÃE

DATA DE NASCIMENTO · LOCAL DE NASCIMENTO

DATA DO CASAMENTO · LOCAL DO CASAMENTO

DATA DA MORTE · LOCAL DO ENTERRO

PROFISSÃO

ACTIVIDADES PREFERIDAS

NOME COMPLETO DA AVÓ

DATA DE NASCIMENTO · LOCAL DE NASCIMENTO

DATA DO CASAMENTO · LOCAL DO CASAMENTO

DATA DA MORTE · LOCAL DO ENTERRO

PROFISSÃO · ACTIVIDADES PREFERIDAS

NOME COMPLETO DO BISAVÔ

DATA DE NASCIMENTO   LOCAL DE NASCIMENTO

PROFISSÃO

NOME COMPLETO DA BISAVÓ

DATA DE NASCIMENTO   LOCAL DE NASCIMENTO

ACTIVIDADES PREFERIDAS

NOME COMPLETO DO BISAVÔ

DATA DE NASCIMENTO   LOCAL DE NASCIMENTO

PROFISSÃO

NOME COMPLETO DA BISAVÓ

DATA DE NASCIMENTO   LOCAL DE NASCIMENTO

ACTIVIDADES PREFERIDAS

NOME COMPLETO DO BISAVÔ

DATA DE NASCIMENTO   LOCAL DE NASCIMENTO

PROFISSÃO

NOME COMPLETO DA BISAVÓ

DATA DE NASCIMENTO   LOCAL DE NASCIMENTO

ACTIVIDADES PREFERIDAS

NOME COMPLETO DO BISAVÔ

DATA DE NASCIMENTO   LOCAL DE NASCIMENTO

PROFISSÃO

NOME COMPLETO DA BISAVÓ

DATA DE NASCIMENTO   LOCAL DE NASCIMENTO

ACTIVIDADES PREFERIDAS

NOME COMPLETO DO TRISAVÔ

NOME COMPLETO DA TRISAVÓ

NOME COMPLETO DO TRISAVÔ

NOME COMPLETO DA TRISAVÓ

NOME COMPLETO DO TRISAVÔ

NOME COMPLETO DA TRISAVÓ

NOME COMPLETO DO TRISAVÔ

NOME COMPLETO DA TRISAVÓ

NOME COMPLETO DO TRISAVÔ

NOME COMPLETO DA TRISAVÓ

NOME COMPLETO DO TRISAVÔ

NOME COMPLETO DA TRISAVÓ

NOME COMPLETO DO TRISAVÔ

NOME COMPLETO DA TRISAVÓ

NOME COMPLETO DO TRISAVÔ

NOME COMPLETO DA TRISAVÓ

avós

RA. DE	NOME DE SOLTEIRA
RA. DE	NOME DE SOLTEIRA
RA. DE	NOME DE SOLTEIRA
RA. DE	NOME DE SOLTEIRA
RA. DE	NOME DE SOLTEIRA
RA. DE	NOME DE SOLTEIRA
RA. DE	NOME DE SOLTEIRA
RA. DE	NOME DE SOLTEIRA
RA. DE	NOME DE SOLTEIRA
RA. DE	NOME DE SOLTEIRA
RA. DE	NOME DE SOLTEIRA
RA. DE	NOME DE SOLTEIRA
RA. DE	NOME DE SOLTEIRA
RA. DE	NOME DE SOLTEIRA
RA. DE	NOME DE SOLTEIRA
RA. DE	NOME DE SOLTEIRA
RA. DE	NOME DE SOLTEIRA
RA. DE	NOME DE SOLTEIRA
RA. DE	NOME DE SOLTEIRA
RA. DE	NOME DE SOLTEIRA
RA. DE	NOME DE SOLTEIRA
RA. DE	NOME DE SOLTEIRA
RA. DE	NOME DE SOLTEIRA
RA. DE	NOME DE SOLTEIRA
RA. DE	NOME DE SOLTEIRA
RA. DE	NOME DE SOLTEIRA
RA. DE	NOME DE SOLTEIRA
RA. DE	NOME DE SOLTEIRA
RA. DE	NOME DE SOLTEIRA
RA. DE	NOME DE SOLTEIRA

Família da Mulher

Nesta página e na seguinte, preencha os espaços com todas as informações relevantes sobre o marido, seus irmãos e irmãs e respectivos filhos (sobrinhos e sobrinhas).

Mulher, seus irmãos e irmãs, e respectivos filhos	NASCIMENTO	MORTE	CÔNJUGE
Filhos			
Filhos			
Filhos			
Filhos			
Filhos			
Filhos			
Filhos			
Filhos			
Filhos			

Padrinhos ou Tutores

(PREENCHER COM OS NOMES DOS PADRINHOS DE CADA CRIANÇA E, SE FOR CASO DISSO, DOS TUTORES, INCLUINDO DATAS, LOCAIS E QUALQUER INFORMAÇÃO QUE CONSIDERE ADEQUADA.)

Família do Pai da Mulher

Nesta página e nas seguintes, preencha os espaços com todas as informações relevantes sobre os pais da mulher, seus irmãos e irmãs (tios e tias), e respectivos filhos (primos).

Pai da mulher, seus irmãos e irmãs, e respectivos filhos	NASCIMENTO	MORTE	CÔNJUGE
Filhos			
Filhos			
Filhos			
Filhos			
Filhos			
Filhos			
Filhos			
Filhos			
Filhos			

Padrinhos ou Tutores

(PREENCHER COM OS NOMES DOS PADRINHOS DE CADA CRIANÇA E, SE FOR CASO DISSO, DOS TUTORES, INCLUINDO DATAS, LOCAIS E QUALQUER INFORMAÇÃO QUE CONSIDERE ADEQUADA.)

Família da Mãe da Mulher

Mãe da mulher,
seus irmãos e irmãs,
e respectivos filhos

	NASCIMENTO	MORTE	CÔNJUGE

Filhos

Filhos

Filhos

Filhos

Filhos

Filhos

Filhos

Filhos

Filhos

Padrinhos ou Tutores

(PREENCHER COM OS NOMES DOS PADRINHOS DE CADA CRIANÇA E, SE FOR CASO DISSO, DOS TUTORES, INCLUINDO DATAS, LOCAIS E QUALQUER INFORMAÇÃO QUE CONSIDERE ADEQUADA.)

Avô
da Mulher
lado paterno

Avô,
seus irmãos e irmãs,
e respectivos filhos

	NASCIMENTO	MORTE	CÔNJUGE

Filhos

Filhos

Filhos

Filhos

Filhos

Filhos

Filhos

Filhos

Filhos

Padrinhos ou Tutores

(PREENCHER COM OS NOMES DOS PADRINHOS DE CADA CRIANÇA E, SE FOR CASO DISSO, DOS TUTORES, INCLUINDO DATAS, LOCAIS E QUALQUER INFORMAÇÃO QUE CONSIDERE ADEQUADA.)

Avó da Mulher
lado paterno

Avó,
seus irmãos e irmãs,
e respectivos filhos   NASCIMENTO   MORTE   CÔNJUGE

_____

Filhos _____

_____

Filhos _____

_____

Filhos _____

_____

Filhos _____

_____

Filhos _____

_____

Filhos _____

_____

Filhos _____

_____

Filhos _____

_____

Filhos _____

Padrinhos ou Tutores

(PREENCHER COM OS NOMES DOS PADRINHOS DE CADA CRIANÇA E, SE FOR CASO DISSO, DOS TUTORES, INCLUINDO DATAS, LOCAIS E QUALQUER INFORMAÇÃO QUE CONSIDERE ADEQUADA.)

Avô
da Mulher
lado materno

Avô,
seus irmãos e irmãs,
e respectivos filhos   NASCIMENTO   MORTE   CÔNJUGE

Filhos

Filhos

Filhos

Filhos

Filhos

Filhos

Filhos

Filhos

Filhos

Padrinhos ou Tutores

(PREENCHER COM OS NOMES DOS PADRINHOS DE CADA CRIANÇA E, SE FOR CASO DISSO, DOS TUTORES, INCLUINDO
DATAS, LOCAIS E QUALQUER INFORMAÇÃO QUE CONSIDERE ADEQUADA.)

Avó da Mulher
lado materno

Avó,
seus irmãos e irmãs,
e respectivos filhos

NASCIMENTO — MORTE — CÔNJUGE

Filhos

Filhos

Filhos

Filhos

Filhos

Filhos

Filhos

Filhos

Filhos

Padrinhos ou Tutores

(PREENCHER COM OS NOMES DOS PADRINHOS DE CADA CRIANÇA E, SE FOR CASO DISSO, DOS TUTORES, INCLUINDO
DATAS, LOCAIS E QUALQUER INFORMAÇÃO QUE CONSIDERE ADEQUADA.)

Bisavós da Mulher

NOME	NASCIMENTO	MORTE	CÔNJUGE

Filhos

Filhos

Filhos

Filhos

Filhos

Filhos

Filhos

Filhos

Padrinhos ou Tutores
(ESTA PÁGINA PODERÁ SER PREENCHIDA COM OS DADOS REFERENTES AOS IRMÃOS DOS BISAVÓS.)

Casamentos

NOMES · DATA · LOCAL

Nestas páginas poderá registar aqueles casamentos que, pela sua importância, relevo ou peso de tradição familiar lhe pareçam dignos de figurar neste livro.

NOMES	DATA	LOCAL

Casamentos CONTINUAÇÃO

NOMES　　　　　　　　　　　　DATA　　　　　　　　　　　　LOCAL

NOMES　　　　　　　　　DATA　　　　　　　　　LOCAL

Cerimónias Religiosas

Nas páginas seguintes poderá registar os baptizados, comunhões e confirmações de fé dos membros da sua família, bem como cerimónias de ordenação ou tomada de votos de familiares que tenham seguido a vida eclesiástica.

Poderá também incluir relatos de procissões ou peregrinações em que tenha participado e que, pela sua importância ou significado, entenda dever passar à posteridade.

NOME	CERIMÓNIA	PADRINHOS	DATA E LOCAL

NOME	CERIMÓNIA	PADRINHOS	DATA E LOCAL

Locais de Culto

Aos locais de culto estão ligadas recordações que marcaram as vidas dos membros de uma família, da infância até à morte. Será também de recordar alguma figura marcante de ministro da Igreja que, pela sua bondade, exemplo ou proeminência, mereça ser incluída nas páginas deste livro.

In Memoriam

Pode registar aqui os nomes de familiares e amigos já falecidos cuja recordação perdura na sua memória.
Inscreva não só os seus nomes, mas também as suas opiniões pessoais e histórias que sobre eles tenha ouvido contar e que permitam traçar o seu perfil de figuras marcantes na história da família.

In Memoriam
CONTINUAÇÃO

As nossas Casas
e recordações a elas ligadas

Morada _____
Cidade _____ Concelho _____
Data de Aquisição _____ Habitada desde _____ até _____
_____
_____
_____
_____
_____
_____

Morada _____
Cidade _____ Concelho _____
Data de Aquisição _____ Habitada desde _____ até _____
_____
_____
_____
_____
_____

Morada _____

Cidade _____ Concelho _____

Data de Aquisição _____ Habitada desde _____ até _____

_____

_____

_____

_____

_____

Morada _____

Cidade _____ Concelho _____

Data de Aquisição _____ Habitada desde _____ até _____

_____

_____

_____

_____

_____

Morada _____

Cidade _____ Concelho _____

Data de Aquisição _____ Habitada desde _____ até _____

_____

_____

_____

_____

_____

Morada _____

Cidade _____ Concelho _____

Data de Aquisição _____ Habitada desde _____ até _____

_____

_____

_____

_____

_____

Locais onde viveram os nossos Antepassados

Instrução

Distinções escolares — prémios, medalhas, actividades desportivas e outras

NOME	ESTABELECIMENTO DE ENSINO OU UNIVERSIDADE	DATAS DE FREQUÊNCIA	DIPLOMA OU GRAU UNIVERSITÁRIO

Instrução

CONTINUAÇÃO

| NOME | ESTABELECIMENTO DE ENSINO OU UNIVERSIDADE | DATAS DE FREQUÊNCIA | DIPLOMA OU GRAU UNIVERSITÁRIO |

Clubes e organizações

NOME	ORGANIZAÇÃO	CARGO	DATA

Preencha com os nomes dos membros da família e dos clubes e organizações a que pertenceram, incluindo cargos ocupados e outras informações de interesse acerca da pessoa ou organização.

Trabalho e Negócios

As histórias das actividades profissionais, por conta própria ou de outrém, bem como de negócios começados por qualquer membro da família. Poderá referir quando foram fundadas as empresas comerciais ou industriais, dar conta do seu êxito ou malogro, apontando, se possível, as razões para esses factos.

Registos de Serviço Militar

NOME

PARENTESCO

INCORPORADO EM — QUARTEL, DIA, MÊS, ANO

NÚMERO, ESPECIALIDADE

JURAMENTO DE BANDEIRA — DATA

RAMO, ARMA, POSTO

REGIÃO, REGIMENTO, BATALHÃO OU NAVIO, COMPANHIA

PROMOÇÕES, TRANSFERÊNCIAS, DATAS

OUTROS REGISTOS

NOME

PARENTESCO

INCORPORADO EM — QUARTEL, DIA, MÊS, ANO

NÚMERO, ESPECIALIDADE

JURAMENTO DE BANDEIRA — DATA

RAMO, ARMA, POSTO

REGIÃO, REGIMENTO, BATALHÃO OU NAVIO, COMPANHIA

PROMOÇÕES, TRANSFERÊNCIAS, DATAS

OUTROS REGISTOS

NOME

PARENTESCO

INCORPORADO EM — QUARTEL, DIA, MÊS, ANO

NÚMERO, ESPECIALIDADE

JURAMENTO DE BANDEIRA — DATA

RAMO, ARMA, POSTO

REGIÃO, REGIMENTO, BATALHÃO OU NAVIO, COMPANHIA

PROMOÇÕES, TRANSFERÊNCIAS, DATAS

OUTROS REGISTOS

Registos de Serviço Militar
CONTINUAÇÃO

NOME

PARENTESCO

INCORPORADO EM — QUARTEL, DIA, MÊS, ANO

NÚMERO, ESPECIALIDADE

JURAMENTO DE BANDEIRA — DATA

RAMO, ARMA, POSTO

REGIÃO, REGIMENTO, BATALHÃO OU NAVIO, COMPANHIA

PROMOÇÕES, TRANSFERÊNCIAS, DATAS

OUTROS REGISTOS

NOME

PARENTESCO

INCORPORADO EM — QUARTEL, DIA, MÊS, ANO

NÚMERO, ESPECIALIDADE

JURAMENTO DE BANDEIRA — DATA

RAMO, ARMA, POSTO

REGIÃO, REGIMENTO, BATALHÃO OU NAVIO, COMPANHIA

PROMOÇÕES, TRANSFERÊNCIAS, DATAS

OUTROS REGISTOS

NOME

PARENTESCO

INCORPORADO EM — QUARTEL, DIA, MÊS, ANO

NÚMERO, ESPECIALIDADE

JURAMENTO DE BANDEIRA — DATA

RAMO, ARMA, POSTO

REGIÃO, REGIMENTO, BATALHÃO OU NAVIO, COMPANHIA

PROMOÇÕES, TRANSFERÊNCIAS, DATAS

OUTROS REGISTOS

Amigos íntimos

Toda a gente tem um «melhor amigo» que por vezes parece pertencer à família. Estes amigos desempenham um papel importante na sua vida, e por esta razão será adequado incluí-los no livro da família. Não se esqueça de referir datas, moradas e tudo o que os torna tão especiais.

Os nossos Animais

Há uma hipótese em mil de ter como animal de estimação um elefante — ou qualquer outro bicho exótico —, mas o mais provável é que tenha um cão, um gato, um hamster ou um peixe. Os animais, tal como os bons amigos, parecem fazer parte da família e desempenham um papel importante nas nossas vidas.

DONO	NOME DO ANIMAL	TIPO DE ANIMAL	DATAS DE COMPRA E DE MORTE

DONO	NOME DO ANIMAL	TIPO DE ANIMAL	DATAS DE COMPRA E DE MORTE

Automóveis da Família

DONO	MARCA, MODELO, ANO	COR E MATRÍCULA	DATA DE COMPRA

OUTROS DADOS

OUTROS DADOS

OUTROS DADOS

OUTROS DADOS

OUTROS DADOS

Desde o advento do automóvel de passageiros, no início do séc. XX, que os carros passaram a fazer parte da vida familiar. A cada carro que possuiu estarão associadas muitas recordações.

DONO	MARCA, MODELO, ANO	COR E MATRÍCULA	DATA DE COMPRA

OUTROS DADOS

OUTROS DADOS

OUTROS DADOS

OUTROS DADOS

OUTROS DADOS

OUTROS DADOS

OUTROS DADOS

OUTROS DADOS

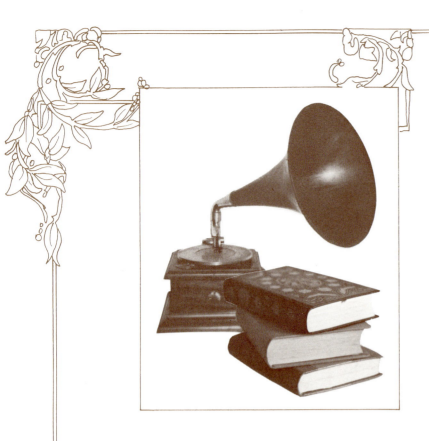

As preferências

Há, por vezes, objectos, locais ou diversões que gozam da preferência de alguns membros da família. Para que não se perca o texto daquela canção de embalar que a avó cantava ou a receita daquele prato saboroso da sua infância, registe-os aqui. Refira também a lembrança daquilo que de mais importante caracterizou outros membros da família, como ditos chistosos, máximas pessoais, inclinações consideradas excêntricas, etc.

As preferências
CONTINUAÇÃO

Os mais novos também têm uma história, um boneco, uma lenga-lenga ou um local de brincadeiras que ganharam um lugar à parte entre as muitas recordações da infância.

Colecções e bens familiares

Pode mencionar neste espaço colecções pertencentes a vários membros da família — quais são, quando foram iniciadas, o que foi coleccionado, etc. Faça um inventário de todos os bens, incluindo o nome do proprietário original e de que forma foram passados de geração em geração. Em suma, registe tudo o que considere de interesse para membros da sua família ou outras pessoas a ela ligadas.

As jóias da Família

Em todas as famílias há objectos valiosos que se transmitem de geração em geração. Deverá registar aqui a sua descrição, data de aquisição e valor aproximado.

Desportos preferidos da Família

NOME   DESPORTO, EQUIPA, CLUBE

RESULTADOS DE ASSINALAR

RESULTADOS DE ASSINALAR

RESULTADOS DE ASSINALAR

RESULTADOS DE ASSINALAR

RESULTADOS DE ASSINALAR

NOME   DESPORTO, EQUIPA, CLUBE

RESULTADOS DE ASSINALAR

RESULTADOS DE ASSINALAR

RESULTADOS DE ASSINALAR

RESULTADOS DE ASSINALAR

RESULTADOS DE ASSINALAR

RESULTADOS DE ASSINALAR

RESULTADOS DE ASSINALAR

RESULTADOS DE ASSINALAR

RESULTADOS DE ASSINALAR

Passatempos preferidos da Família

Muitas famílias têm membros que se dedicam às mais variadas ocupações, desde coleccionar selos ou moedas, fazer tapeçaria, construir miniaturas, cultivar plantas, etc. Neste espaço, poderá registar os nomes dessas pessoas, indicando as suas ocupações e qualquer informação sobre o modo como começaram, por que razão, e se alguém lhes seguiu os passos.

Passatempos preferidos da Família
CONTINUAÇÃO

Férias da Família

As férias são um acontecimento importante porque permitem o repouso e o convívio. Pique-niques, grandes viagens, praias, lugares longínquos ou familiares têm ligados a si mil recordações que, se registadas, poderão fazer reviver outras épocas, outros ambientes.

Reuniões familiares

Recordar quem lá estava, em que datas e circunstâncias, torna--se muito mais fácil se for aqui registado. Nos anos futuros, este tipo de informação fará evocar o acontecimento, seja este do tempo da escola, da universidade ou umas Bodas de Ouro da família.

Reuniões familiares
CONTINUAÇÃO

Tradições familiares

Há ritos e hábitos que se transmitem de geração em geração e que acabam por se transformar em verdadeiras tradições. A ementa da ceia de Natal, o jogo de cartas a um determinado dia da semana, aquelas histórias cómicas ou trágicas que se contam acerca de alguns antepassados são alguns exemplos do que pode registar nestas páginas.

Acontecimentos *importantes*

Pode registar aqui informações sobre acontecimentos que terá prazer em recordar daqui a uns anos. Inclua factos invulgares como ganhar um prémio, conhecer uma pessoa famosa ou presenciar um acontecimento extraordinário.

Acontecimentos importantes

CONTINUAÇÃO

Acontecimentos extraordinários aos quais sobrevivemos e que presenciámos

Cada família é alvo de acontecimentos imprevistos. Muitas sobreviveram a calamidades naturais, como inundações ou temporais e viram-se obrigadas a mudar de casa e a alterar as suas vidas. Este espaço pode ser preenchido com o registo de tudo aquilo que se relaciona com as mais variadas experiências que a sua família viveu.

Doenças

Infelizmente também elas constituem uma realidade na vida das famílias. Poderá referir aqui doenças que, pela sua duração ou gravidade, marcaram as existências de alguns familiares, bem como aquelas que, pelo seu carácter hereditário, julgue conveniente mencionar.

Registos

Por vezes, é complicado encontrar os dados referentes a certidões, testamentos, contratos e outros aspectos da vida jurídica da família. Inclua aqui tudo o que possa simplificar essa tarefa.

Registos
CONTINUAÇÃO

Post-Scriptum

Haverá, certamente, muito mais a dizer acerca da sua família. As páginas que se seguem destinam-se a referir tudo o que não foi contemplado nos capítulos antecedentes.